BEI GRIN MACHT SICH IHR WISSEN BEZAHLT

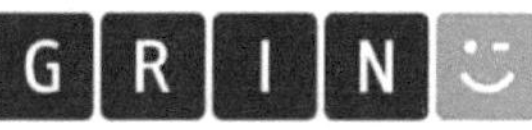

- Wir veröffentlichen Ihre Hausarbeit, Bachelor- und Masterarbeit

- Ihr eigenes eBook und Buch - weltweit in allen wichtigen Shops

- Verdienen Sie an jedem Verkauf

Jetzt bei www.GRIN.com hochladen und kostenlos publizieren

Impressum:

Copyright © 2015 GRIN Verlag
Druck und Bindung: Books on Demand GmbH, Norderstedt Germany
ISBN: 9783668600881

Dieses Buch bei GRIN:

https://www.grin.com/document/385838

Claudia Schulze

Praktikumsbericht eines fachditaktischen Blockpraktikums in der Kunsterziehung

GRIN Verlag

Universität Leipzig

WS 2015/16

Fachdidaktisches Blockpraktikum

Kunsterziehung

27.02.-24.03.17

Leipzig, Juni 2017

Inhaltsverzeichnis

1. Hospitationsprotokolle 3

2. Ausarbeitung Unterrichtseinheit Klasse 11 7

    2.1. Von der ersten Idee zur Stundenplanung 7

    2.2. Stundenverlaufsplanung 9

    2.3. kritische Nachbereitung der Stunden 11

    2.4. Material zur Vorbereitung 12

    3. Ausarbeitung Unterrichtseinheit Klasse 7 12

    3.1. Von der ersten Idee zur Stundenplanung 12

    3.2. Stundenverlaufsplanung 13

    3.3. kritische Nachbereitung der Stunden 15

    3.4. Material zur Vorbereitung 16

4. Ausarbeitung Unterrichtseinheit Klasse 5 16

    4.1. Von der ersten Idee zur Stundenplanung 16

    4.2. Stundenverlaufsplanung 17

    4.3. Material zur Vorbereitung 22

5. Selbsteinschätzung 22

6. Anhang 25

    6.1. weitere Hospitationsprotokolle 25

1. Hospitationsprotokolle

Thema Farbqualität

Klasse 7/1, 28.02.17, 8.05-8.50 Uhr

Unterrichtsphase	Inhalt	Methodik, Sozialform	Anmerkungen
Begrüßung, Rekapitulation	S wiederholt letzte Aufgabenstellung → Nachmischen der Farben eines Bildes	KU	Schüler stehen zur Begrüßung auf
Überleitung Problemorientierung	Was bedeutet Farbqualität, was ist das? S: ob gut oder schlecht? L deutet auf Reinheit hin	KU,	
Wiederholung	Farbkreis nach Itten Begriff: Primärfarben und ihre Besonderheit Welche Bereiche fehlen im Farbkreis? → Schwarz und weiß	KU, Differenzierung	
Erarbeitung	Farbkugel nach Runge mit weiß erhellen, mit schwarz verdunkeln, mit grau trüben Wie mischt man eigentlich grau?	KU,	
Sicherung	Übertragung des Tafelbildes: Farbqualität Extrakopie von letzter Stunde für Fehlende	KU, Differenzierung	Gibt Hinweis 2 Finger breit frei zu lassen, zwecks Einheften, Hefter werden kontrolliert
Übung	Aufgabe wurde an Tafel erklärt, alle kommen nach vorn. Schüler sollen reine Farbe aus Farbkreis in Spaltenmitte malen und nach oben/unten aufhellen/abdunkeln mind. 5 Abstufungen Jeder erhält noch Abschmierblatt, soll später noch weiter verwendet werden Welche reinbunten Farben lassen sich mit vorliegender Palette mischen? Warum ist Lila nicht zu empfehlen?	EA	Palette schon vorbereitet, Gibt Hinweis auf nachhaltigen Umgang und Mischen vom Dunklen ins Helle Lautstärke beim Holen der Utensilien
Aufräumen ca. 8 min	linke Nachbar wäscht ab, der Andere räumt den Rest weg Brauchen nächste Stunde Zeit zum Weiter-arbeiten	-	(Lautstärke)

Beobachtungsschwerpunkt: Gliederung und Aufbau

In der 45-minütigen Unterrichtsstunde war ein strukturierter Aufbau gut zu erkennen. Der Unterrichtseinstieg erfolgte über die Wiederholung der letzten Unterrichtseinheit, in der sich die Schüler und Schülerinnen mit dem Farbkreis nach Itten und dem gezielten Nachmischen der von Franz Marc verwendeten Farbpalette für das Werk „Blaues Pferd I" beschäftigten. Durch die gezielte Frage nach der Bedeutung von Farbqualität, wurde eine Überleitung zum neuen Stundenthema geschaffen. Als Vorbereitung auf die Farbkugel nach Runge galt die Wiederholung des Farbkreises nach Itten. Besonders wurden die Primärfarben und die Grenzen des Models eingegangen. Anhand der Farbkugel nach Runge erklärte die Lehrerin Mischvorgänge mit den Farben weiß, schwarz und grau, welche in einem Tafelbild festgehalten und von den Schülern und Schülerinnen übertragen wurde. Für die, die in der Stunde zuvor fehlten, hatte die Lehrkraft bereits den Inhalt der letzten Stunde auf einem Arbeitsblatt zusammengefasst. Nach der Theorie, erfolgte die Umsetzung in einer praktischen Mischübung. Die Schüler und Schülerinnen sollten sich zwei Spalten mit Bleistift ziehen und in die Mitte je eine reinbunte Farbe platzieren. Die Pinsel sollten nicht direkt mit Wasser abgespült, sondern auf einem extra Blatt abgeschmiert werden. Die Aufgabe war es nun, die Farben nach oben zu verdunkeln und nach unten aufzuhellen, dabei sollten mindestens fünf Abstufungen zu erkennen sein. Die Lehrkraft bereitete die Mischpaletten mit Farbe bereits vor dem Unterricht vor, damit die Schüler und Schülerinnen ohne großen Zeitverlust mit der Aufgabe beginnen konnten. Auch das Aufräumen lief sehr strukturiert ab, der linke Nachbar war für das Abwaschen zuständig und der rechte für das Wegräumen der Unterlage und eventuell entstandenen Müll. In der Stunde war ein roter Faden deutlich zu erkennen.

Thema: Kunstraum

Klasse 5/1 , 28.02.17, 9.05-10.35 Uhr

Unterrichtsphase	Inhalt	Methodik, Sozialform	Anmerkungen
Begrüßung, Wiederholung	Was ist eine Kunstkiste, wozu wird sie gebraucht?	KU	(für Kunstutensilien für Spind)
Arbeitsphase	Aufgabenstellung: SuS sollten Material von zu Hause mit bringen, Sticker, Tapete, Bilder, Selbstgemaltes usw., womit sie sich identifizieren sollen auf Schuhkarton aufgeklebt werden	EA	Dürfen sich einzeln setzen
Aufräumen	In den letzten 10 Minuten	-	Stühle müssen hoch gestellt werden.

Beobachtungsschwerpunkt: Verhältnis von Planung und Öffnung

Die Unterrichtsstunde wurde komplett als Arbeitszeit genutzt, um die Kunstkiste weiter zu bearbeiten. Die Schüler und Schülerinnen hatten die Hausaufgabe Material (Sticker, Tapete, Zeitungen, Bilder oder Selbstgemaltes, womit sie sich identifizieren) zu sammeln und mit zu bringen. Zusätzlich gab es im Kunstraum noch alte Zeitungen, die benutzt werden konnten. Die Öffnung der Aufgabe fand hier besonders in der Art und Weise statt, wie und mit welchen Materialien sie ihre Kiste gestalteten. Es konnte auch direkt auf der Kiste gearbeitet werden. Nur der spätere Nutzen der Kunstkiste, für Pinsel, Farbe usw., wurde durch die Lehrkraft festgelegt.

Thema: Abstraktion in Plastik

Grundkurs 11, 28.02.17, 12.20-14.14 Uhr

Unterrichtsphase	Inhalt	Methodik, Sozialform	Anmerkungen
Begrüßung, Einstieg (15min)	Ich-Apfel-Wir Krizzleskizzen, spontanes Einfälle zum Thema zeichnen + Vorstellen der Skizzen Sinn von Skizzen	EA	Anfänglich Gelächter, danach ruhiges Arbeiten
Wiederholung	Anhand ausgewählter Schülerarbeiten letzte Stunde rekapituliert. (Abstraktionsprozess einer gezeichneten Haltung) Überleitung auf Stundenthema durch	KU	

	Vergleich mit Künstlerbeispiel (Brancusi - Ei)		
Erarbeitung	Präsentation Formqualität → Zwei Wege der Abstraktion I Reduzierung der Naturform auf das Wesentliche II Neuerfindung und Sinngebung Bsp zu I analysiert: Brancusi: Der Kuss, 2 Torsi, Moore: Krieger mit Schild Vergleich, Skultur Antike und Hans Arp Archipenko: Raum in Plastik einbringen → Formqualtität „Die Leere ist in seinen Werken ebenso sichtbar, wie die Materie. Wo befindet sich der Kopf der Frau?" >>Die Leere ist der Kopf der Frau<< Bsp zu II analysiert: Naum Gabo, Heckmann – Plastiken aus Papier	KU	Beamer
Arbeitsauftrag	Arbeitsblatt mit formulierter Aufgabenstellung Sollen selbst eine Plastik zu einer Variante gestalten und die Arbeitsschritte dokumentieren	EA	
Abschluss	Ausblick auf nächste Woche gegeben: Weiterarbeiten mit Ton → Bozetto	-	

Beobachtungsschwerpunkt: Differenzierung

Der Unterrichtseinstieg erfolgte über eine spontane Krizzelübung zur Auflockerung und zum Einfinden. Die Schüler und Schülerinnen sollten zum Thema Ich-Apfel-Wir ihre Gedanken auf Papier festhalten und kurz vorstellen. Es wurde darüber gesprochen, dass Skizzen in erster Linie einen praktischen Aspekt erfüllen und an keinen ästhetischen Anspruch gebunden sind. Anhand von Schülerarbeiten wurden die letzten Unterrichtsinhalte rekapituliert, die ähnlich thematische Schwerpunkte hatte. Darüber hinaus wurde die Schülerarbeit mit einem Werk Moores verglichen und in den neuen Unterrichtsinhalt eingeleitet. Die Präsentation zur Formqualität zeigte den Schülern sowie Schülerinnen zwei Wege des Abstraktionsprozesses auf. Diese wurden anhand von Brancusi und Moore sowie Naum Gabo analysiert und besprochen. Gemeinsam formulierten sie eine Definition für Formqualität. Danach erteilte die Lehrkraft einen längerfristiger Arbeitsauftrag. Die Schüler und Schülerinnen sollten sich für einen Weg der Abstraktion entscheiden und direkt mit der Ideensammlung beginnen.

Hier fand besonders eine Differenzierung aufgrund der Wahl zwischen beiden Aufgaben statt. Auch die genaue Vorgehensweise stand den Schülern und Schülerinnen offen, während ihres

Arbeitsprozesses können sie den Schwerpunkt selber wählen und mit welchen Materialien sie arbeiten. Für ihre Skizzen und Vorzeichnungen standen jeglicher Stiftarten, auch Kohle, zur Auswahl bereit. Im nächsten Schritt konnten Drahtgestelle und Tonbozettos erstellt werden, welche weiterhin zur Formfindung dienten. Der gesamte Arbeitsprozess sollte mit Handyfotos und dem gesammelten Material dokumentiert werden. Dadurch setzt sich die Benotung durch Endergebnis und Arbeitsprozess zusammen.

2. Ausarbeitung Unterrichtseinheit Klasse 11

Thema: Plastik/Kunstbegriff

2.1. Von der ersten Idee zur Stundenplanung

Da die Lehrerin in der von mir hospitierten Stunde dem Grundkurs eine längerfristige Aufgabenstellung gegeben hatte, war es ihr wichtig, dass die Schüler und Schülerinnen in den darauffolgenden Stunden genügend Zeit für deren Bearbeitung zur Verfügung steht. Der Arbeitsauftrag bestand darin, durch Reduzierung von Naturformen oder Neuerfindung von plastischen Formen eine abstrakte (Klein)Plastik zu gestalten. Dieser Prozess, von der Idee zur abstrakten Plastik, sollte durch Sammeln von Skizzen und Fotos dokumentarisch festgehalten werden. Die Schüler und Schülerinnen hatten bereits mit Skizzen und Vorzeichnungen begonnen, an denen die meisten weiterarbeiten wollten. Daher überlegte ich mir für den Stundeneinstieg eine Lockerungsübung für das Zeichnen, die ich Zeichenstrudel genannt habe. Die Schüler und Schülerinnen sollten aus 3 verschiedenen Perspektiven eine Plastik mit Kohle abzeichnen, die in der Mitte des Raumes platziert war. Dabei hatten sie für die erste Zeichnung 5 Minuten, für die Zweite 4 Minuten und für die letzte nur noch 3 Minuten Zeit. Da die sie in der letzten Stunde ausschließlich mit Bleistift skizzierten, wählte ich für den Zeichenstrudel Kohlestifte.

Anhand der Analyse des Zitates „Sobald die Maler und die Kenner einmal einig darüber sind, dass die beste Skizze noch lange kein Bild ist, wird der Geschmack des Puplikums einen tüchtigen Schritt vorwärts gemacht haben." von Eugene Frometin wollte ich das Thema Qualität von Skizzen und Vorzeichnungen ansprechen und die Schüler sowie Schülerinnen ermutigen sich beim Skizzieren frei zu entfalten. Denn dabei steht immer zuerst der Nutzen im Vordergrund. Als konkretes Beispiel wählte ich Skizzen und Zeichnungen von Henry Moore und Naum Gabo aus, die verglichen werden sollten.

Beim Heraussuchen oben genannter Unterrichtsmaterialien bin ich u.a. in dem Lehrbuch

„Grundkurs Kunst 2. Plastik, Skulptur, Objekt. Schroedel" auf einen weiteren Künstler gestoßen, dessen Skulpturen darin als Schnittstelle zwischen Kunst und Mathematik beschrieben wurden: Max Bill. Seine Granitskulpturen beeindruckten mich so sehr, dass ich ihn im Zusammenhang mit konkreter Plastik auch der Klasse vorstellen wollte.

Zur Rezeption seiner Skulptur „Unendliche Schleife", die einem Möbiusband gleicht, habe ich mir folgende enaktive Übung überlegt: Die Schüler und Schülerinnen sollten mit Papierstreifen seine abstrakte Plastik nachempfinden und nachbauen. Danach sollte die zweite Plastik „Kontinuität" mit dem selben Prinzip nachempfunden werden, welches sich als äußert schwierigen Prozess erweisen sollte. Und genau das ist das Faszinierende an seiner Skulptur, dass man stundenlang versuchen kann diese Plastik zu entknoten, aber immer wieder scheitert. Anhand der Skulptur „Kontinuität" sollten die Schüler und Schülerinnen im Hinblick auf das Abitur die Eigenschaften einer Plastik rekapitulieren. Der zweite Teil der Unterrichtsstunde war für reine Bearbeitungszeit des Arbeitsauftrags zur abstrakten Plastik angedacht.

Während der Bearbeitungszeit entstand ein interessantes Gespräch, welches sich zu einer hitzigen Diskussion in der ganzen Klasse entwickelt. Es war zu klären, was überhaupt Kunst ist und was nicht. Ein paar Schüler waren der Meinung, dass Abstraktes schon mal keine Kunst sein kann. Kunst muss schön sein. Das Gespräch weitete sich auch noch auf andere Bereiche wie Sport und Kunst aus, selbst die Mentorin beteiligte sich. Nebenbei arbeiteten alle jedoch zielstrebig an ihren Aufgaben. Am Ende der Stunde waren etliche aufgewühlt und diskutierten beim Verlassen des Zimmers weiter. In der Auswertung meinte die Mentorin zu mir so einen Schlüsselmoment noch nie erlebt zu haben, wirklich offen über diese Problematik diskutieren zu können. Daher überlegte ich mir für die zweite Stunde genau diese Problematik nochmal aufzugreifen: Was ist Kunst?

Zu Beginn der Stunde sollte jeder den Begriff „Kunst" für sich definieren, dabei waren Sätze wie „Kunst liegt im Auge des Betrachters" oder „Kunst kommt von Können" verboten. Als Hilfestellung habe ich einige Attribute bzw. Stichwörter mit dem Beamer eingeblendet, um den Schülern und Schülerinnen das Eindenken in das Thema zu erleichtern. Anschließend wurden Beispiele gezeigt, wie eine Kinderzeichnung, einen kitschigen Teller oder ein Bild von Lucio Fontana. Jeder sollte nun entscheiden, ob das nach ihrer Definition Kunst entspricht. In einem Streitgespräch sollten die Schüler und Schülerinnen Stellung zu weiteren Beispielen hinsichtlich des Kunstbegriffes beziehen. Die Beispiele waren sehr vielseitig von Gemälde über Tattoo bis hin zu einem Duo, dass sich als menschliches Kunstwerk versteht. Beim Recherchieren der Beispiele bin ich auf eine interessante Studie gestoßen, bei der den Teilnehmern zwei abstrakte Werke gegenübergestellt wurden, jeweils von einem Künstler und von einem Kind oder Tier.

Die Probanden sollten dann tippen, welches das Künstlerwerk ist. Die Studie ergab, dass auch Laien Gemälde professioneller Künstler erkennen. Diese Studie habe ich für 4 Beispiele als kleines Experiment ausprobiert, um die allgemeine These zu widerlegen: „Das kann ich auch". Tatsächlich bestätigte sich, dass die Mehrheit der Schüler und Schülerinnen das Künstlerwerk erkannten. Am Ende sollte mit dem Bild „Die Kriegskrüppel" von Otto Dix die Frage aufgeworfen werden, ob gute Kunst immer schön sein muss. Danach war noch die Gelegenheit, die aufgestellte Kunstdefinition zu überdenken und gegebenenfalls etwas daran zu ändern.

2.2. Stundenverlaufsplanung

Thema: Plastik/Formqualität

Grundkurs 11, 07.03.17, 12.40 – 14.10 Uhr

Zeit	Phase	Unterrichtsgeschehen	Unterrichts-form	Bemerkung /Material
12.40 5′	Einstieg	Begrüßung, Vorstellung, Name, Datum	LV	Tafel
	Lockerung	Zeichenstrudel. Aufgabe: Fertige 4 schnelle Kohleskizzen aus unterschiedlichen Perspektiven auf die Plastik an.		Kohle, Papierzuschnitte A5 (Block)
15′	Diskurs	<u>Zitat von Fromentin.</u> französischer Schriftsteller und Kunstkritiker. Vorlesen und kurz erklären, was gemeint ist. Mathematik in der Kunst. Mit Papierbändern nachempfinden Aufgabe: Nenne Eigenschaften einer Plastik und erläutere diese an dem Beispiel "Kontinuität" von Max Bill. Eigenschaften: Form, Material, Allansichtigkeit, Oberflächenbeschaffenheit, Licht und Schatten, Raum, Volumen	UG	Beamer, Laptop Papierbänder
10′	Reflexion/ Orientierung	Werke bereits heraus gesucht hängen an der Tafel jeder Schüler sagt kurz was zu	UG	Tafel, Magnete

Zeit	Phase	Unterrichtsgeschehen	Unterrichts-form	Bemerkung / Material
		Auswahl der Aufgabenstellung, eigenes Ziel.		
45′	Arbeitsphase	Aufgabenstellungen klar	EA	Kohle, Papier, Ton, Unterlagen
14.05 5′	Schluss	Aufräumen	--	

Thema: Ist das Kunst?

Grundkurs 11, 21.03.17, 12.40 – 14.10 Uhr

Zeit	Phase	Unterrichtsgeschehen	Unterrichts-form	Bemerkung / Material
12.40 5′	Einstieg	Begrüßung, Name, Datum	--	Tafel
15′	Exkurs	Begründung des Themas Einladung zum Reden Arbeitsauftrag: Definiere den Begriff Kunst durch ausgewählte Kriterien. Sätze zeigen, die nicht zugelassen sind 2 Beispiele vorlesen lassen Ist das Kunst? Diskussion		Laptop, Beamer Abstimm-Karten
	Studie	Begründung/ Erklärung der Studie Auswertung	UG	Beamer, Laptop
5′	Resümee	Würdet ihr an eurer Definition etwas ändern ? Kriterien ?	UG	Tafel, Magnete
45′	Arbeitsphase	Aufgabenstellungen klar	EA	Kohle, Papier, Ton, Unterlagen, Gips
14.05 5′	Schluss	Aufräumen	--	

2.3. kritische Nachbereitung der Stunden

Meine Unterrichtsstunden waren sehr strukturiert und durchdacht. Der Zeichenstrudel diente zum Einstieg als Lockerung, bei der die Schüler und Schülerinnen mit Kohle die vorgegebene Plastik erfassen sollten. Durch die Verminderung der bereitstehenden Zeit, waren sie angehalten sich von Details zu lösen, um nur noch grobe Strukturen der Plastik zu erfassen. Im ersten Durchlauf fiel es manchen schwer bei Ablauf der Zeit fertig zu sein, doch in den anschließenden Durchgängen konnten sie gut reduzieren. Die Übung wurde sehr positiv aufgenommen und es sind kleine Serien der Plastik aus verschiedenen Perspektiven entstanden, die in der persönlichen Mappe aufgehoben wurden.

Das Gespräch über das Zitat hätte mit gezielten Fragestellungen oder Anregungen noch etwas ausgeweitet werden können. Bei der Durchführung habe ich das Zitat erst vorlesen und dann erklären lassen. Die Zeichnungen von Naum Gabo, die Henry Moore's Zeichnungen gegenüberstanden, konnte man am Beamer leider nicht so gut erkennen, daher war das Vergleichen teilweise gar nicht möglich. Mit den Möbiusbändern hatten einige schon bei der „Unendlichen Schleife" Schwierigkeiten, die Lehrerin meinte im Auswertungsgespräch, dass es vielleicht gut gewesen wäre, das fertige Band auch wirklich noch zusammen zu kleben. Bei der zweiten Plastik habe ich den Schüler und Schülerinnen so lang Zeit gegeben, bis der Erste bemerkte, dass es gar nicht möglich sei. Auf diesen Moment habe ich gewartet, denn ich selber probierte ca. eine halbe Stunde lang. Die Klasse war insgesamt etwas träge, das sich zum Teil auch bei den Antworten widerspiegelte, jedoch war es für sie auch die letzte Stunde.

Bei den Kunstdefinitionen war ich mir zunächst uneinig darüber, ob ich mit den vorgeschlagenen Stichwörtern nicht schon viel vorwegnehme, jedoch waren die Definitionen individuell und oft wurden nur wenig vorgegebene Wörter verwendet. Ich habe 3 Definitionen vorlesen lassen, da jeder aber eine eigene hatte, wäre es auch spannend gewesen, sich alle anzuhören. Bei den Beispielen, die ich gezeigt habe, war die Einordnung, ob das Kunst sei, sehr eindeutig, da hatte ich mehr Unsicherheit erwartet.

Die Schüler und Schülerinnen haben sich auf das Streitgespräch nicht richtig eingelassen, eine offenere Form der Diskussion wäre anscheinend vorteilhafter gewesen. Mir ist auch aufgefallen, dass ich noch mehr „normale" Beispiele mit vorstellen sollte. Leider kam in dieser Phase nicht die Diskussion auf, die ich mir gewünscht hätte. Bei der Studie waren zwei Schüler dabei, die von vorn herein gesagt haben, dass sie nichts erkennen und immer A ankreuzen, damit sie rein statistisch gesehen ein paar Mal richtig liegen. Das fand ich sehr schade, da sie es nicht mal versucht haben. Der Rest jedoch hat sich gut auf das Experiment eingelassen und war auch auf die Auflösung gespannt. Zum Abschluss wollte ich anhand dem Bild „Die Kriegskrüppel" das Argument widerlegen, dass Kunst immer schön sei. Dabei sind mir die Schüler leider entwischt, da sie der Meinung waren, dass das Bild schön sei. In dem Moment haben sie „schön" nicht als ästhetisch wahrgenommen, sondern eher als Gütekriterium. Natürlich war ich mir im Klaren, dass ich die Schüler und Schülerinnen hinsichtlich ihrer Sichtweise auf Kunst nicht komplett umstülpen kann, jedoch wollte ich ihnen ein wenig die Augen öffnen. Dadurch konnte ich nicht so richtig zu einem Fazit gelangen, welches ich mir gewünscht hätte.

2.4. Material zur Vorbereitung

Literatur:
- Grundkurs Kunst - Sekundarstufe II: Grundkurs Kunst, Bd.2, Plastik, Skulptur, Objekt, Hrsg. M. Klant, J. Walch, Schrödel Verlag, 1999
- Lars Vilks: „Gute Kunst: Qualität in der Kunst", 2001
- https://de.wikipedia.org/wiki/Max_Bill
- Rudolf Kuhr: Was ist Kunst? Eine Betrachtung mit Zitaten
- http://www.humanistische-aktion.de/kunst.htm

3. Ausarbeitung Unterrichtseinheit Klasse 7
Thema: Farbetüden

3.1. Von der ersten Idee zur Stundenplanung

In der von mir hospitierten Stunde war der Themenkomplex Farbenlehre sowie Aufhellen und Abdunkeln von Farben Inhalt des Unterrichts. Der Arbeitsauftrag der Schüler und Schülerinnen bestand darin, zwei reinbunte Farben abzudunkeln und aufzuhellen, so dass zwei Farbstreifen entstehen. Neben den Arbeitsblättern hatte jeder ein Schmierblatt bekommen, auf dem die restliche Pinselfarbe abgestrichen werden sollte. Daraus würden später Farbetüden entstehen. Die meisten Schüler und Schülerinnen nutzten jedoch Wasser zum Ausspülen, so dass das Blatt größtenteils leer blieb.

Aufgrund dessen war der Inhalt meiner Unterrichtsstunde schon klar vorgegeben. Anfangs hab ich den Schüler und Schülerinnen Zeit eingeräumt ihre Farbstreifen fertigzustellen. Um zu verhindern, dass Unruhe aufkommt, während einige schon fertig sind und andere noch arbeiteten, habe ich mir im Hinblick auf die anknüpfende Stunde überlegt, dass hässliche und schöne Farben auf kleinen quadratischen Papieren gemischt werden sollten. Die Übung war mir noch von den SPÜ im Gedächtnis. Die Aufgabenstellung stand an einer versteckten Tafelseite geschrieben, so dass die Schüler und Schülerinnen selbstständig und ohne Reibung die Zusatzaufgabe bearbeiten konnten. Für den 2. Versuch der Farbetüden überlegte ich mir für den Schluss, dass die Schüler und Schülerinnen nicht nur ihren Pinsel sondern die komplette restliche Farbe der Palette abschmieren sollten. Sie durften dazu im ganzen Raum umher gehen und auch auf den Blättern der anderen abschmieren. Die Blätter wurden zum Trocknen gelegt und der Raum gemeinsam aufgeräumt.

Zu Beginn der 2. Unterrichtstunde wiederholten wir nochmal alles Gelernte zum Thema Farbkreis und erweiterten das Verständnis mit harmonischen Farben und Kontrasten. Es sollte geklärt werden, was schöne und hässliche Farben identifiziert, wie sie in Kombination wirken und sich im Hinblick auf Harmonie verhalten. Im zweiten Teil der Stunde stand das Bearbeiten der Farbetüden im Mittelpunkt. Über das Werk „Landschafts-Kopf„ von Wenzel Hollar, welches eine Mehransichtigkeit aufzeigt, wurde zu den Farbetüden hingeführt. Die Schüler und Schülerinnen sollten Farbformen erkennen und sie mit schwarzem Filzer weiter ausschmücken. Dabei war besonders zu beachten, dass sie von jeder Seite des Blattes arbeiten. Dies wurde anhand von Zeitangaben geregelt, nach der jeder das Blatt drehte. Zeitgleich habe ich mit Beamer mitgearbeitet, indem ich die vorbereiteten Werke gezeigt habe.

3.2. Stundenverlaufsplanung

Thema: Mischen

Klasse 7/1, 14.03.17, 08.05 – 08:50 Uhr

Zeit	Phase	Unterrichtsgeschehen	Unterrichtsform	Bemerkung Material
08.05 5´	Einstieg	Begrüßung, Vorstellung, Name, Datum	LV	
08.10 15´	Arbeitsphase I	Streifenaufgabe beenden	EA	Arbeiten Farbe...
08.25 10´	Übung	Mische eine für dich besonders schöne Farbe und eine richtig hässliche Farbe --> an Tafel anschreiben	EA	Papierzuschnitte Kreide
08.35 10´	Arbeitsphase II	Abschmieren der Farbpalette im Herumlaufen	GA	Abschmierblätter
08.45 5´	Schluss	Aufräumen	--	

Thema: Mischen

Klasse 7/1, 21.03.17, 08.05 – 08:50 Uhr

Zeit	Phase	Unterrichtsgeschehen	Unterrichtsform	Bemerkung Material
08.05 5′	Einstieg	Begrüßung, Name, Datum Wiederholung letzter Woche Farbvierecke	LV	
08.25 10′	Input	Farbkreis von Itten Farben wiederholen: Farbkreis beschreiben lassen Primärfarben Sekundärfarben Erhellen, Verdunkeln, Trüben Kontraste? Aufteilen lassen zu hässlich und schön danach harmonische Farben finden Kontraste?	EA	Laptop, Beamer
08.35 20′	Arbeitsphase I	Wiederholung letzer Woche Farbvierecke Eigene Arbeit erklären Künstlerbezug Aufgabenstellung: Finde Strukturen und gestalte sie mithilfe von Edding/schwarzer Filzer und deiner Fantasie zu erkennbaren Gegenstände oder Dinge aus.		Abschmierblätter Edding
08.45 5′	Schluss	Aufräumen	--	

3.3. kritische Nachbereitung der Stunden

Zu Beginn der Stunde rekapitulierte ich im Klassengespräch die letzte Stunde und wiederholte die Grundbegriffe der Farbenlehre. Das hätte noch etwas ausgeweiteter und intensiver ausfallen können. Die Schüler und Schülerinnen brauchten jedoch noch relativ viel Zeit für ihre Farbstreifen, so dass ich mich unter Zeitdruck fühlte. Ich entschied also genauere Angaben zu machen, wie viel Zeit noch blieb, bis abgegeben werden musste. Die Lehrerin meinte im Nachhinein, das eigentlich genügend Zeit gewesen ist und zügiger gearbeitet werden sollte. Während des Arbeitens durfte sich unterhalten werden, dadurch entstand manchmal etwas zu viel Lautstärke. Als die Schüler und Schülerinnen ihre Paletten abschmieren durften, ist der Geräuschpegel weiter gestiegen, der schwer zu unterbinden war. Beim Erklären der Aufgabenstellung hätte noch genauer beschreiben sollen, wie in den einzelnen Phasen vorgegangen wird. Die Zusatzaufgabe klappte dagegen sehr gut, sie war auch nützlich, da die Schüler und Schülerinnen sehr unterschiedliche Arbeitstempi hatten.

Der theoretische Teil der zweiten Unterrichtsstunde hätte ebenfalls noch etwas ausgeweitet werden können beispielsweise durch mehr vorformulierte Fragen, da hatte ich mehr Zeit angesetzt, als ich tatsächlich gebraucht habe. Überraschend bei dem Werk von Wenzel Hollar war es, dass die Schüler und Schülerinnen lange gebraucht haben, um zu erkennen, dass es sich auch um einen auf der Seite liegenden Kopf handelt. Die Analyse des Werkes verlief recht gut. Danach habe ich den Arbeitsauftrag erklärt und diesen durch meine künstlerische Vorbereitung bebildert. Die Schüler und Schülerinnen haben sich bei dieser Aufgabe sehr schwer getan. Sie beklagten sich oft, dass sie darin nichts erkennen würden, so dass die Phase nur schleppend voran ging. Da hätte ich vielleicht die Aufgabenstellung genauer formulieren sollen. Außerdem dachte ich nicht, dass es an dieser Stelle so viele Probleme gibt, da ich mein Beispiel an der Präsentation gezeigt habe. Am Schluss sollten die Schüler und Schülerinnen ihre Arbeiten jeweils einen Platz nach hinten reichen, der letzte auf der Bankreihe dann natürlich zur nächsten ganz vor.

Zur Reflexion bzw. Rezeption sollte sich jeder einen Satz überlegen, der 3 Dinge beinhaltet, die sie in der Schülerarbeit erkennen können. Da brach ein relativ großes Chaos aus, weil manche die Aufgabenstellung nicht verstanden und gar nicht wussten was sie jetzt machen sollen. Da hätte wieder eine einfachere und genauere Aufgabenstellung Abhilfe schaffen können. Die Unterrichtseinheit ist verbesserungswürdig in ihrer Umsetzung. Ich fand es schade, dass die Klasse so träge war und sich nicht richtig auf die Aufgabe einlassen konnte. Insgesamt hätte ich mir gewünscht, mein Thema frei wählen zu können und nicht nur den Unterricht der Lehrerin zu übernehmen.

3.4. Material zur Vorbereitung

<u>Literatur:</u>
- Kunst und Unterricht Nr. 409/410 2017, Bildnerische Etüden, Friedrich Verlag, Januar 2017

4. Ausarbeitung Unterrichtseinheit Klasse 5
   Thema: Comics

*4.*1. Von der ersten Idee zur Stundenplanung

In der Pause beobachtete ich Schülerinnen der Klasse 5/1 kleine Zettel mit selbst gezeichneten Motiven austauschen und sich darüber unterhalten. Die Motive waren Lebensmittel oder Gegenstände mit Gesichtsausdrücken wie beispielsweise ein lachender Milchkarton oder ein trauriges Käsestück, da jemand von ihm abgebissen hatte.

Diesen Aspekt wollte ich gern in meine Unterrichtsstunde einbringen und suchte im Lehrplan nach einem passenden Rahmen, den ich im Wahlpflichtbereich1 „Illustration" mit dem Thema Comics fand. Da mich die Motive der Schülerinnen an Whats App erinnerten, wählte ich die Emojis und Mimik als Hinführung zum Thema Comics. Diesen Aspekt verknüpfte ich mit Sprechblasen, die wir genauer untersuchten. Wir klärten die Eigenschaften von Comics und redeten über Beispiele. Danach hatten die Schüler und Schülerinnen die Aufgabenstellung einen eigenen Comic zu erstellen. Bei der Formulierung des Arbeitsauftrags erinnerte ich mich wieder an die gegenständlichen Motive der Schülerinnen, die ich in der Pause beobachtet hatte. Ich fand die Idee spannend, dass es in den Comics nur um Gegenständliches gehen sollte. Dazu überlegte ich mir, dass es schön wäre, wenn es etwas gibt, was alle Comics mit einander verbindet. Daher gab ich zusätzlich vor, dass eine Kartoffel irgendwo bzw. irgendwie in dem Comic vorkommen sollte.

Nach der ersten Stunde folgte die Planung des Inhaltes der nächsten. Die Schülerinnen und Schüler brauchten noch Zeit, um ihre Comics weiter zu gestalten. Die Lehrkraft empfahl mir daher die Doppelstunde in zwei Teile aufzuteilen. Im ersten Teil durfte an den Comics weiter gearbeitet werden. Da aber nach einiger Zeit die Konzentration und Lust nachlässt, empfahl mir die Lehrerin im zweiten Teil mit dem nächsten Thema fort zu führen. Ich entschied mich die Gefühlswelt noch konkreter zu thematisieren und dabei im Zusammenhang auf Mimik weiter einzugehen. Dabei erhielten die Schüler und Schülerinnen den Auftrag zu einem gezogenem Gefühlswort einen Gesichtsausdruck zu zeichnen und sich dann gegenseitig zu fotografieren.

Die dritte Doppelstunde war vom Aufbau ähnlich der vorigen Stunde. Zunächst bekam die Schülerschaft Zeit ihre Comics fertig zu stellen. Im Gegenzug zu den Fotografien, bei denen Gezeichnetes fotografisch festgehalten wurde, sollte im zweiten Teil auf Bildern aus Zeitungen grafisch gearbeitet und die Bildmotive fortgeführt werden. Dies bildete eine Vorlage an das anschließende grafische Thema, von der mir die Lehrerin erzählte.

4.2. Stundenverlaufsplanung

Thema: Comic

Klasse 5/1, 7.03.17, 09.05 – 10.35 Uhr,

Zeit	Phase	Unterrichtsgeschehen	UF	Material
09.05 5′	Einstieg	Begrüßung, Vorstellung, Name, Datum	LV	
09.10 15′	Vorübung	Wer hat denn alles ein Handy? Wer kennt Whats app? Was ist ein Emoji? Nennt Gefühle, die durch Emojis ausgedrückt werden können. Aufgabe: Entwerfe einen eigenen Emoji. Such dir eine passende Sprechblase dazu raus und pinne alles zusammen an die Tafel --> Mimiken untersuchen auf Post i´ts Wieder mit an den Platz nehmen Fragen, um welches Thema sich die heutige Stunde drehen könnte.		Kleber
09.25 15′	Input	Comic von Odie Beschreibe Merkmal von Comics.	UG	Beamer Laptop

		Format, Hauptfigur, Personifizierung, Hintergrund, Sprechblasen im Bild, Geräuschwörter, Konturen, Zahlen, Bewegungslinien Was ist der Unterschied von Denkblasen und Sprechblasen? --> Geräuschwörter Welche Wörter würden hier noch passen ? Kann denn ein Ball überhaupt reden? --> Dinge mit menschlichen Eigenschaften		
	Ergebnissicherung	Merkmale nochmal zusammen tragen Tafelbild abschreiben lassen Kennt ihr noch andere Beispiele? Beispiele aufschreiben lassen. Emoji einkleben und einen Sprechblase ausfüllen. --> vergleichen Wie zeichnet man einen Comic? Schritte an Tafel erarbeiten		
09.40 40´	Arbeits-phase	Blätter austeilen **Arbeitsauftrag:** Gestalte deinen eigenen Comic und beachte dabei Folgendes: berücksichtige die Merkmale eines Comics eine Kartoffel soll im Comic vorkommen zeichne keine Menschen finde eine passende Überschrift.	EA	A4, Buntstifte, Schwarzer Stift, Filzer
10.20 10´	Reflexion	Kurze Zwischenbesprechung in Arbeitsphase, Jeder erzählt von seiner Idee.	UG	Magnos
10.30 5´	Schluss	Aufräumen	--	

Thema: Gefühlswelt

Klasse 5/1, 14.03.17, 09.05 – 10.35 Uhr

Zeit	Phase	Unterrichtsgeschehen	U-form	Material
09.05 2′	Einstieg	Begrüßung, Name, Datum, sollen zu zweit sitzen	LV	
09.07 38′	Arbeitsphase I	Wiederholung Aufgabenstellung, Merkmale an eigenem Comic beschreiben lassen sagen es wird benotet Wie zeichne ich einen Comic Weiterarbeiten am Comic *(Währenddessen alles aufbauen)*	EA	Papier A3 Buntstifte Schwarze Stifte Filzer Beamer, Laptop
09.45 10′	Input	Welche Gesichtsausdrücke/ Gefühle kennt ihr? --> an der Tafel sammeln Wort "Mimik" einführen =Bewegungen im Gesicht Portrait Was macht Mimik aus? --> Gesichtsausdruck diskutieren	UG	Tafel, Kreide, Gesichtsausdruck
09.55 5′	Übung	Gefühlswort an der Tafel sollen nur mit Augen/Mund vormachen und erraten Augen: müde Mund: angeekelt	PA	A4 Blätter austeilen
10.00 30′	Arbeitsphase II	Wortpaare austeilen **Arbeitsauftrag:** 1a) Fertige zu deinem Gefühlswort einen Gesichtsausdruck an, orientiere dich dabei an deiner eigenen Kopfform. b) Entscheide dich für einen Teil des Gesichtes und fotografiere dich mit deinem Partner. **Jemandem eine Maske aufsetzen.** 2. Zeichne die Konturen des Gesichts nach und verpasse ihm einen passenden Gesichtsausdruck zu deinem Gefühlswort. überrascht – träge, böse -- fröhlich	EA	A4 Blätter Schwarze Stifte
10.30 5′	Schluss	Aufräumen, Verabschiedung	--	

Thema: Camera vs. Pencil

Klasse 5/1, 21.03.17, 09.05 – 10.35 Uhr

Zeit	Phase	Unterrichtsgeschehen	U-form	Material
09.05 2´	Einstieg	Begrüßung, Name, Datum,	LV	
09.07 38´	Arbeitsphase I	Weiterarbeiten am Comic	EA	Papier A3, Stifte Beamer, Laptop
09.45 10´	Input	**Mona Lisa** **Fragen nach Titel, Künstler** hängt im Louvre, Paris **--> Wiederholung Gefühle:** Was ist Mimik? Was macht Mimik aus? Welche Mimik hat sie? Positionierung Tafel: 2 Zettel traurig, fröhlich **Auswertung Folien** Passen die Mimiken zu den Wörtern, Passen Augen und Mund zusammen? Veränderung der Person ---> Veränderung Mona Lisa Duchamp, Meme --> Eigene Memes erschaffen Folien übereinander legen **Auswertung Fotos** Serie --> Wer fehlt? Einzelne Auswerten	UG	Tafel, Kreide, Gesichtsausdruck Laptop, Beamer Polylux 2 Zettel
10.00 30´	Arbeitsphase II	**Bilder von Schülern** **Prinzip nur andersrum** erst Zeichnung dann Foto --> erst Foto dann Zeichnung **Camera vs. Pencil** Bild von Mona Lisa (selber gemacht) Bilder aus Zeitung, sollen sich aussuchen, weißes Papier --> Schnipsel, drauf kleben --> Lücke füllen	EA	A4 Blätter Schwarze Stifte
10.30 5´	Schluss	Aufräumen, Verabschiedung	--	

Die Unterrichtseinheit wurde in der Klasse 5/1 mit drei Doppelstunden durchgeführt. Die erste Stunde zum Thema Comic wurde auch in den Klassen 5/2 und 5/3 erprobt. In Klasse 5/3 konnten keine weiteren Stunden durchgeführt werden, da ein Feiertag und ein schulinterner freier Tag dazwischen kamen. Die Lehrkraft hatte sich aber das Thema für die Klasse gewünscht und wollte es in ihrem Unterricht aufgreifen und fortführen. In der Klasse 5/2 hatte ich nur 2 Doppelstunden Zeit, da fasste ich Stunde 2 & 3 zusammen.

Thema: Comic/Camera vs. Pencil

Klasse 5/2, 24.03.17, 10.50 – 12.20 Uhr

Zeit	Phase	Unterrichtsgeschehen	U-form	Material
09.05 2´	Einstieg	Begrüßung, Name, Datum, <u>zu zweit sitzen</u>	LV	
09.07 38´	Arbeitsphase I	Wiederholung Aufgabenstellung, Merkmale an eigenem Comic beschreiben lassen Weiterarbeiten am Comic	EA	A4, Stifte Magnos Beamer, Laptop
09.45 10´	Input	Welche Gesichtsausdrücke/ Gefühle kennt ihr? --> an der Tafel sammeln Wort "Mimik" einführen = Bewegungen im Gesicht --> **Anschreiben** Portrait Was macht Mimik aus? --> Gesichtsausdruck diskutieren	UG	Tafel, Kreide,
09.55 5´	Übung	Gefühlswort an der Tafel sollen nur mit Augen/Mund vormachen und erraten Augen: müde Mund: traurig	PA	A4 Blätter austeilen
		Mona Lisa **Fragen nach Titel, Künstler** hängt im Louvre, Paris Welche Mimik hat sie? <u>Positionierung</u> Tafel: 2 Zettel traurig, fröhlich		2 Zettel Magnos
10.00 30´	Arbeitsphase II	Gefühlswörter austeilen **Arbeitsauftrag:**	EA	A4 Blätter Schwarze

		1) Zeichne zu deinem Gefühlswort eine passende Mimik. Entscheide dich für einen Teil des Gesichtes. Fotografiere dich mit deinem Partner. 2) Wähle dir ein Bild, reiße aus einem weißem Papier einen Schnipsel, den du auf auf das Bild klebst, und fülle den Schnipsel zeichnerisch aus.		Stifte Bilder, Beispiele Schere, Leim
10.30 5´	Schluss	Aufräumen, Verabschiedungß, Feedback mit Post it´s	--	Post it´s

4.3. Material zur Vorbereitung

Internetquelle
- http://sciencev1.orf.at/news/116338.html
- http://www.edidact.de/contentBase/edidact/vorschau/3-10-05-00-5.4.1.pdf

5. Selbsteinschätzung

Am ersten Tag bekam ich die Information, dass der für mich vorgesehene Mentor krank sei und die zweite Kunstlehrerin nur verkürzt arbeitete, so dass ich anfänglich Angst hatte, nicht auf meine Stunden zu kommen. Glücklicherweise bekam ich noch eine zweite Mentorin dazu, die Kunst in der 5. Klasse fachfremd unterrichtete, bei der ich die restlichen Stunden halten durfte.

Da ich in der ersten Woche so viel wie möglich Stunden hospitiert habe, konnte ich mir zunächst ein Bild von den Klassen sowie von einzelnen Schülern und Schülerinnen machen. Die Beobachtungen konnte ich in der Vorbereitung der Stunden besonders berücksichtigen. Meine erste Stunde hielt ich in der 5. Klasse zum Thema Comics und Comicgestaltung. Ich merkte deutlich, wie gespannt die Schülerschaft in den ersten Minuten war und wie sie mich musterten. Anfangs waren die Antworten auf meine Fragen noch sehr verlegen, doch das Eis war rasch gebrochen und im Verlauf der Stunde waren immer so gut wie fast alle Hände oben. Auch ich war in den ersten Minuten gespannt und aufgeregt, doch als ich merkte, wie aktiv die Klasse im Unterricht mitarbeitete, legte sich die Anspannung schnell.

In der 7. Klasse war der Beginn ähnlich, nur merkte ich, dass mir die Schüler und Schülerinnen mit viel weniger Arbeitsbereitschaft entgegentraten. Bereits in den hospitierten Stunden fielen mir ein paar Jungs der Klasse mit einer gewissen „Null-Bock-Stimmung" gegenüber Kunst auf und so wusste ich bereits bei den Vorbereitungen, dass es eine kleine Herausforderung wird, mich in der Klasse durchzusetzen, denn dabei hatte auch meine Mentorin Schwierigkeiten. Zu

Beginn der Stunde wollte ich mittels Unterrichtsgespräch die Kenntnisse zum Farbkreis auffrischen, doch ich musste immer wieder gezielter Nachfragen und Bohren, um überhaupt eine Antwort zu entlocken, dabei äffte mich sogar ein Schüler nach. Da ich zum Teil nicht das erreichen konnte, was ich mir vornahm und die Schülerschaft recht träge auf meine Arbeitsanweisungen reagierte, stellte sich bei mir nach dem Unterrichten Enttäuschung ein, die einen kleinen Tiefpunkt meines Praktikums darstellte. In der Auswertung war ich um so mehr überrascht, dass meine Mentorin die Punkte nicht so negativ wie ich aufgefasst hatte, da es bei ihr wohl ähnlich sei.

Da ich ursprünglich bei dem anderen Mentor meine Stunden halten sollte, war die Lehrerin, bei der ich die Klassen 7 und 11 unterrichten durfte, nicht darauf vorbereitet, so dass sie mich bat ihren Plan einfach weiter zu führen. Sie ließ mir zwar gewisse Freiheiten beim Gestalten der Stunde, doch zum einen sollte ich ihre angefangene Übung beenden und zum anderen zeigte Sie mir, was sie als nächstes geplant hatte, so dass mir nur noch die Feinplanung übrig blieb. Sie hat der Krankheitsfall genau so überrumpelt, wie mich, jedoch war ich ein wenig traurig, dass ich nicht komplett freie Hand in der Planung meiner Stunden hatte, weil eine Unterbrechung ihrer Lerneinheit wohl auch kein Problem gewesen wäre. Ich hatte jedoch auch nicht daran gedacht ihr das vorzuschlagen.

In der 11. Klasse erteilte die Lehrerin gerade eine Woche vor Praktikumsbeginn einen längerfristigen Arbeitsauftrag zum Thema abstrakte Plastik, den die Schüler und Schülerinnen das Schuljahr über bearbeiten sollten. Bei den Vorbereitungen meiner Stunden legte Sie mir nahe, den Schülern und Schülerinnen genügend Arbeitszeit für ihre Aufgaben zu lassen, so dass wir uns jeweils auf eine theoretische Phase mit anschließender praktischer Arbeit einigten, in der die Schüler und Schülerinnen weiter arbeiten konnten und ich vorrangig für Ratschläge beiseite stand. Beim Unterrichten war meine Aufregung zu Beginn der ersten Stunde viel größer, als in den anderen Klassen, da uns im Grunde nur wenige Jahre Altersunterschied trennten. Ich hatte das Gefühl, dass die Schüler und Schülerinnen mich als Lehrperson anerkannten, die Gespräche jedoch auf einer Ebene stattfanden. Dadurch, dass ich viel Unterrichtsgespräch geplant hatte, stellte sich ein angenehme Zusammenarbeit ein, die mich an die Seminare in der Uni erinnerten. Meine letzte Praxis lag schon einige Zeit zurück, daher war ich sehr erstaunt, dass ich im Großen und Ganzen gar nicht mehr so aufgeregt bin, wenn ich vor eine Klasse trete. Eine gewisse Grundaufregung ist jedoch immer noch vorhanden, die ich vor allem beim freien Sprechen merke. Oftmals spreche ich die Sätze ganz anders aus, als ich sie mir in Gedanken bereit gelegt habe und so führte ich manchmal Sätze nicht zu Ende oder korrigierte mich häufig nach. Vielleicht könnte ich mich darin verbessern, indem ich die Stunden zuhause in Vorbereitung noch mal durchspreche, obwohl ich der Meinung bin, dass sie nur spontan authentisch sind. Es fällt mir zum Teil schwer die Arbeitsaufträge anzusagen, obwohl ich sie klar und deutlich vorformuliert habe, da ich sie nicht ablesen möchte und dann automatisch wieder andere Wortkonstruktionen verwende. Um dem entgegenzuwirken habe ich mir überlegt, dass man die Aufgabenstellungen den Schülern und Schülerinnen mittels Beamer oder Arbeitsblatt aufgeschrieben präsentieren kann. Die Auswertungsgespräche mit den Mentorinnen waren hilfreich und motivierend, manchmal war ich jedoch überrascht, dass Situationen ganz anders als ich wahrgenommen wurden. Manchmal hätte ich mir mehr Kritik gewünscht, um weitere Fehler zu finden da ich auch sehr selbstkritisch bin und gern herausfinden würde, auf welchem Stand ich insgesamt gerade bin und wie Referendare im Vergleich agieren.

Insgesamt war ich mit meiner Leistung zufrieden, ich habe viele Ideen und Anregungen aus dem Praktikum mitnehmen können, gleichzeitig bin ich mir meinen Baustellen bewusst geworden, an denen ich arbeiten möchte. Es hat mir sehr viel Spaß gemacht mit den Klassen zu arbeiten und mich weiter auszuprobieren. Trotz Höhen und Tiefen hat das Praktikum die Wahl meines Traumberufs Lehrer nur noch gefestigt.

6. Anhang

6.1. weitere Hospitationsprotokolle

Thema: Kunstraum

Klasse 5/3, 02.03.17, 10.50-12.20 Uhr

Unterrichts-phase	Inhalt	Methodik Sozialform	Anmerkungen
Begrüßung, Wiederhol-ung	Rekapitulation, Was ist noch zu tun? Fertigstellen der Zwergenwohnungen	KU	Konkrete Zeitangabe: 30-40 Minuten
Erarbeitung	Präsentation Räume Fotos von einzelnen Räumen, SuS sollen beschreiben. Vergleichen von Unterschieden und Gemeinsamkeiten Räume aus anderen Ländern, Warum wohnen wir eigentlich in Räumen? → Schutz vor Wetter und Tieren Was gibt es noch für Räume? Ist eine Eiskugel auch ein Raum? Optische Täuschung von Räumen, Straßenkunst Definition von Raum in unterschiedlichen Fachgebieten (Mathematik, Architektur, Philosophie, Astronomie)	KU	Beamer Dürfen sich einzeln setzen
Sicherung	Tabelle mit Räumen vorgegeben, Schüler sollen überlegen, welcher Inhalt der Raum haben könnte (Tresor, Garage)	KU	
Vergleichen, Abschluss	Vergleichen der Inhalte	-	Es klingelt während des Vergleichens

Thema: Aktionskunst

Grundkurs 12, 6.3.17, 7.20-8.50 Uhr

Unterrichts-phase	Inhalt	Methodik, Sozialform	Anmerkungen
Begrüßung Wiederhol-ung	Rekapitulation der Aufgabenstellungen von letzter Woche, Aufruf zur Vervollständigung daheim	KU	werden benotet
Erarbeitung I	Präsentation: Aktionskunst Aspekte der Formwirkung „In Wahrheit spiegelt Kunst den Betrachter nicht das Leben" Oscar Wilde → Beuys, Einbetoniertes Auto, Tafel Anfänge von Aktionskunst → Jackson Pollok Wesentliche Form: Happening, Aktion, Performance, Neue Mythologie, Spurensicherung, Art Povera Der gegenständliche Aspekt: Bazon Brock: DDR Papiertüten Festmachen an einem Gegenstand: Beuys hat Tüten signiert (besondere Rolle des Gegenstands) Dominostein eingetauscht um die ganze Welt Klassiker des Kunst Schamanen Beuys → Filzdecke, Fett, Taschenlampe Abramovic → gegenständlicher aber auch körperlicher Aspekt Bogen gespannt, Knochen geschruppt	KU	

Anregung	Magritte: Dies ist keine Pfeife
	→ Abbildung einer Pfeife
	
	Pfeifen mit gebracht und gezeigt
	Objekt, sieht aus wie eine Pfeife, ist aber keine
	→ Schüler sollen eine Funktion zuordnen
	„Das ist keine Pfeife"
	Ideen: – Kerzenständer
	    – Musikinstrument
	    – Was von Bettgestell
	    – Pusteding für Weihrauch
	Lösung: Ablauf aus Babywindel, damit das nicht so oft gewindelt werden musste
		KU	

Erarbeitung II	ritueller Aspekt: Abramovic „Art must be beautiful" Haar mit Metallkamm gekämmt → Kunstwerk muss nicht schön sein „Rythm! Finger-Messe-Spiel	KU	

| Arbeitsphase | Was gibt es für Alltagsrituale? persönlicher Aspekt, Alltagsrituale sollen Konzept entwerfen: 3 Aspekte des Alltags übersetzen in Aktionskunst | EA | verlässt immer mal den Raum, |
| Abschluss | Ausblick auf nächste Woche | - | |

Thema: Weltbilder

Klasse 6/1, 06.03.17, 10.50-11.35 Uhr

Unterrichts-phase	Inhalt	Methodik, Sozialform	Anmerkungen
Begrüßung Einstieg	Einführung in Weltbilder, was könnte das sein?	KU	
Erarbeitung	Weltbilder künstlerisch erschließen Was ist eine Freskomalerei? Bildanalyse Lorenzetti		Lehrbuch S.160
Arbeitsphase	gestalte dein persönliches Weltbild Vorbereitung: Zeichne Dinge, die dein Weltbild ausmachen, Ideen sammeln für späteres Gemeinschaftsbild		Beredet individuell mit Schülern ihre Ideen
Abschluss	Ausblick	-	

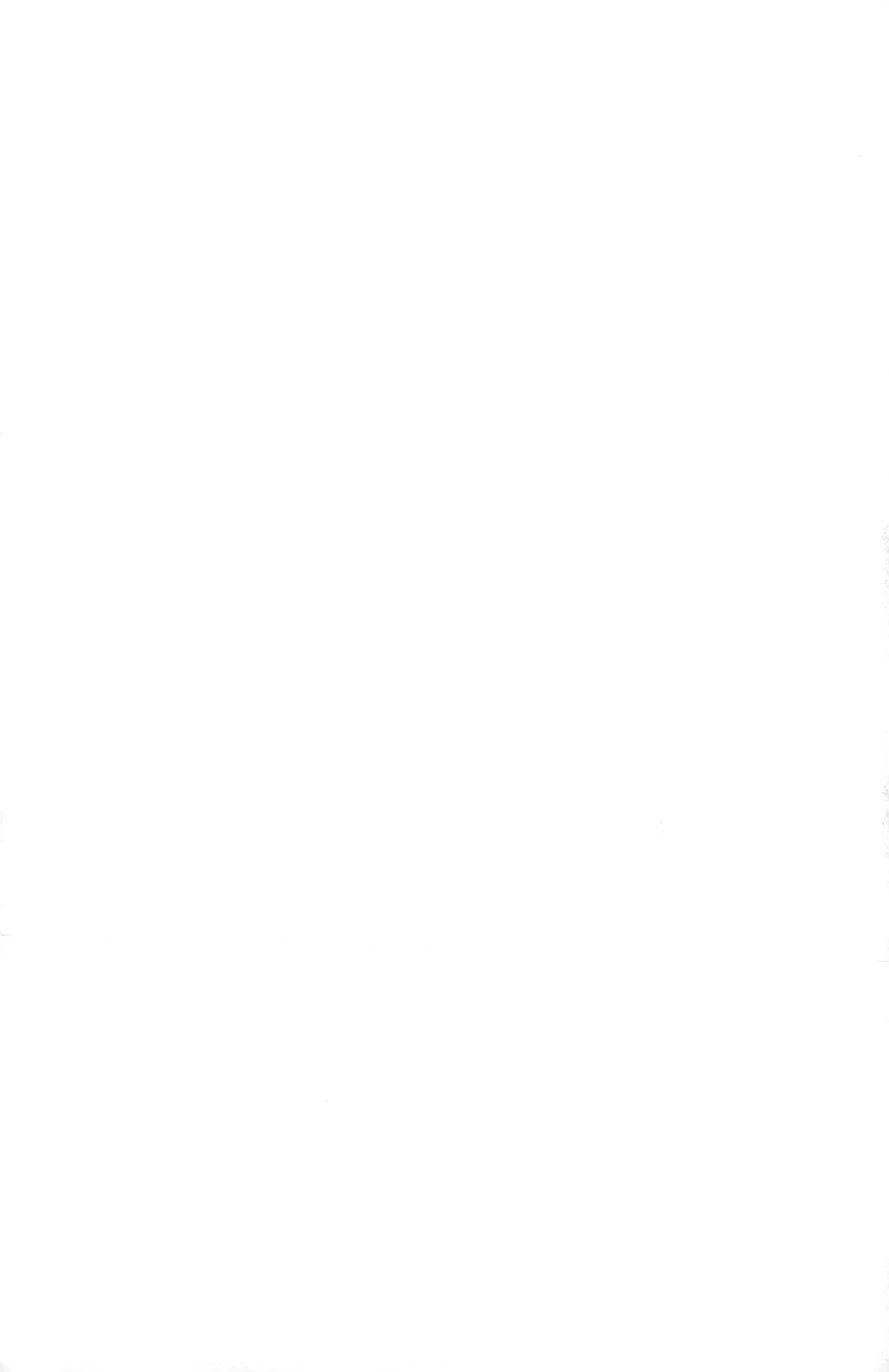